AF561931

LE

# MAL SOCIAL

ET SES

# REMÈDES PRÉTENDUS.

---

## ÉTUDES CRITIQUES

EN FAVEUR DU VRAI REMÈDE

PAR

Th.-Henri MARTIN,

DOYEN DE LA FACULTÉ DES LETTRES DE RENNES

Membre de l'Institut.

---

PARIS

LIBRAIRIE ACADÉMIQUE

DIDIER ET Cie, LIBRAIRES-ÉDITEURS

35, quai des Augustins.

1872.

LE

# MAL SOCIAL

ET SES

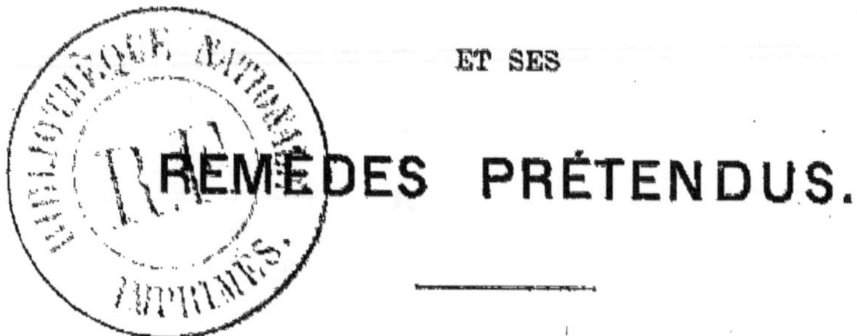

# REMÈDES PRÉTENDUS.

---

ÉTUDES CRITIQUES

EN FAVEUR DU VRAI REMÈDE

PAR

Th.-Henri MARTIN,

DOYEN DE LA FACULTÉ DES LETTRES DE RENNES,

Membre de l'Institut.

---

PARIS

LIBRAIRIE ACADÉMIQUE

DIDIER ET Cie, LIBRAIRES-ÉDITEURS

35, quai des Augustins.

—

1872.

PREMIER REMÈDE.

---

LA

# LIBERTÉ TESTAMENTAIRE

ET

# L'INÉGALITÉ DES PARTAGES,

## Proposées au nom de la morale chrétienne.

---

LETTRE AU RÉVÉREND PÈRE ALET, DE LA COMPAGNIE DE JÉSUS.

RENNES, *le* 25 *avril* 1872.

MON RÉVÉREND PÈRE,

J'ai lu avec une grande attention, dans les *Études religieuses, philosophiques, historiques et littéraires* (1), votre remarquable article intitulé : *La Famille et les lois françaises de succession*. Bien que, dans une grande partie de cet article, vous laissiez parler pour vous des auteurs très-divers, depuis M. Le Play (2), votre autorité principale, jusqu'à MM. About

(1) Mars 1872, pages 321-344.

(2) *La Réforme sociale*, 3 volumes; *l'Organisation du travail*, 1 volume, et surtout *l'Organisation de la famille*, 1 volume.

et Lanfrey, il me paraît bien facile d'y reconnaître votre opinion personnelle, et c'est évidemment contre cette opinion, assez clairement indiquée, que vous invitez *les objections à se produire : d'où qu'elles viennent*, dites-vous, *pourvu qu'elles soient loyales*, vous promettez de *les accueillir avec une attention reconnaissante*, et vous ajoutez que, *Dieu aidant, la réponse sera complète et ne se fera pas trop attendre*. Je vais vous exposer mes objections, qui, certes, sont loyales. De plus, elles viennent d'un catholique qui, comme vous, désire pratiquer fidèlement la maxime : *In certis auctoritas, in dubiis libertas, in omnibus caritas*. Je suis donc sûr d'avance, mon Révérend Père, que vous accueillerez avec bienveillance mes objections contre les innovations que vous proposez et mes arguments en faveur des institutions que vous attaquez. Si votre conviction est profonde, la mienne ne l'est pas moins, et en la soutenant je crois défendre les intérêts de la morale, de la famille et de l'ordre social.

Dans votre article, je trouve surtout trois choses : 1° l'exposé d'un mal, qui consiste dans l'affaiblissement des liens sacrés de la famille ; 2° l'indication de la cause principale de ce mal, cause qui vous paraît être la loi française actuelle sur les successions ; 3° le remède principal, qui vous paraît être une loi nouvelle dont les deux points essentiels seraient la liberté testamentaire illimitée et l'abolition du partage égal dans les successions *ab intestat*. Je ne crois pas me tromper en disant que telle est bien la pensée qui ressort de votre article. Cela posé, je suis d'accord avec vous sur l'existence et la nature du mal, et je pense avec vous que, si l'ordre existait dans la famille, il se rétablirait bientôt dans la société ; mais je ne suis pas d'accord avec vous sur les causes du mal dans la famille, et encore moins sur les remèdes.

## I.

Vous pensez que la cause du mal est dans les lois. Je crois qu'elle est dans l'état des esprits et des mœurs. Chronologiquement vous faites remonter cette cause à 1789. Je crois qu'elle remonte beaucoup plus haut.

L'autorité du père de famille n'est plus assez respectée. Est-ce parce que la quotité dont il peut disposer à son gré par testament(1) est réduite à la moitié, au tiers ou au quart de sa fortune, suivant le nombre de ses enfants? Non. C'est surtout parce qu'un scepticisme railleur, les égarements de l'esprit et les corruptions du cœur ont sinon détruit, du moins diminué tous les respects, le respect pour le *Père céleste* de même que pour la paternité terrestre, le respect de toutes les autorités et de tous les devoirs, et enfin le respect de soi-même. C'est aussi parce que, pour être respecté, il est bon d'être respectable, et parce que certains pères trop peu respectables font tort même à ceux qui le sont davantage.

Trop d'époux redoutent à l'excès la paternité, et, lorsqu'elle est venue, ils ne remplissent pas convenablement leurs devoirs envers leurs enfants, qui leur semblent souvent trop nombreux, lors même qu'ils le sont peu. Est-ce parce que ces époux regrettent de n'être pas libres de laisser presque toute leur fortune à un seul de leurs enfants, et le reste, c'est-à-dire peu de chose, à tous les autres? Non. C'est parce que l'oisiveté quelquefois, et presque toujours le luxe ou l'avarice, font qu'ils ne se trouvent pas assez riches pour élever des enfants, et parce qu'ils préfèrent au fardeau des devoirs paternels le soin d'eux-mêmes, de leurs plaisirs et de leur fortune.

Pourquoi voit-on souvent si peu d'union et d'affection entre des frères? Est-ce parce que l'un d'eux ne peut plus avoir à lui seul la majeure partie de l'héritage? Je n'en crois rien. C'est parce que trop souvent, par un sentiment d'égoïsme envieux, qui ne pourrait qu'être aigri par l'inégalité des partages, ils voient surtout dans leurs frères des copartageants présents ou futurs. C'est aussi parce que l'affection respectueuse pour les parents devrait être entre les enfants un lien commun, et que

(1) *Code civil*, art. 913 et suiv.

ce lien fait trop souvent défaut. De même que tous les hommes ne se sentent vraiment frères qu'autant qu'ils sentent qu'ils ont tous en Dieu un même père, de même les enfants d'un même père terrestre se sentent moins frères, quand ils ne sont pas pour leur père ce qu'ils devraient être.

## II.

Pour remédier à ces plaies de la famille, que faut-il faire? Suffit-il, comme vous semblez presque le croire, de changer quelques articles de nos lois? Non; il faut nous changer nous-mêmes : ce qui est plus difficile sans doute, mais aussi beaucoup plus efficace; il faut rétablir les croyances; il faut épurer et fortifier les mœurs.

Au XVIIIe siècle, avant 1789, tout allait fort mal dans la société française (1). Cependant la loi du partage égal, cette loi tant accusée, n'existait pas alors. Dans la bourgeoisie, on avait une large liberté de tester; car la *légitime*, très-variable suivant les temps et les lieux, était généralement bien moindre que notre *réserve légale*. Dans la noblesse, on avait le droit d'aînesse. Les *cadets de Gascogne et de Normandie*, que vous vantez (2) trop, étaient renommés pour leur habileté à faire leur chemin dans le monde, mais non pour leurs vertus chrétiennes ou pour leur délicatesse de conscience. En général, les cadets des familles nobles restaient souvent célibataires ou se mariaient très-tard. Les uns suivaient la carrière des armes et menaient, pour la plupart, une vie fort dissipée. D'autres étaient destinés, dès l'enfance, par des pères quelquefois fort peu dévots, à être moines, prêtres, abbés de cour, abbés commendataires ou chevaliers de Malte. Ces vocations supposées, dans lesquelles des

(1) Cette page était écrite, quand j'ai lu, dans les *Études religieuses* (avril 1872), l'excellent article du R. P. de Rochemure, intitulé : *La Société française, au point de vue religieux, au XVIIIe siècle.*

(2) Page 340.

considérations terrestres avaient trop de part, étaient la plaie du clergé français, tant séculier que régulier. Notre clergé du XIX^e siècle vaut beaucoup mieux, malgré l'état présent de nos mœurs, dont je ne prétends pas faire l'éloge. Je remarque seulement qu'au XVIII^e siècle, sous l'empire de l'ancienne législation, l'incrédulité et les mauvaises mœurs avaient fait de bien grands progrès. Le mauvais exemple était venu de haut et datait de loin. Parlerai-je des Valois? Non; j'aurais trop à dire. Ne remontons pas au-delà des Bourbons. Longtemps avant 1789, Henri IV, Louis XIV, le Régent, Louis XV et leurs nombreux courtisans avaient manqué ouvertement et de la manière la plus scandaleuse aux devoirs de la famille et au respect d'eux-mêmes. D'un autre côté, tout en se faisant persécuteur au nom de la religion, Louis XIV, avec un orgueil impitoyable et avec l'appui trop docile d'une partie du clergé français, avait trop peu respecté dans le Pape, non-seulement les droits temporels et la dignité d'un souverain faible, mais l'autorité spirituelle du Chef de l'Eglise. Mais surtout beaucoup de grands personnages, les Vendôme, les Chaulieu, les La Fare, les nobles courtisans de Ninon de Lenclos, pendant la vie de Louis XIV (1), et la plupart des grands depuis sa mort, avaient donné l'exemple contagieux du mépris pour toutes les croyances, pour tous les principes de religion et de morale. En désapprenant, à l'exemple de ses dominateurs, la morale et la religion, le peuple avait désappris le respect et l'obéissance. Tout marchait, comme par habitude; mais l'occasion seule manquait à la révolte. L'occasion vint : la Providence divine la permit, comme elle permet les tremblements de terre et les tempêtes. Il y avait alors des lois défectueuses, dont les inconvénients s'étaient aggravés et étaient devenus plus sensibles par les abus et les vices du temps. En 1789, les honnêtes gens de toutes les classes voulurent

(1) Dancourt et Dufresny, dans leurs comédies, ont été les peintres trop vrais des mœurs de la fin du règne de Louis XIV. La Régence n'était pas loin.

faire des réformes, désirables en elles-mêmes pour la plupart, mais trop soudaines, et pour le succès desquelles il aurait fallu d'autres mœurs, des principes plus sûrs et des croyances plus fermes. Avant d'être dépassés et emportés par une révolution violente, que les grands eux-mêmes avaient préparée par leur folle complaisance pour les faux principes du *Contrat social*, ces réformateurs bien intentionnés firent quelques lois bonnes, mais impuissantes pour arrêter le torrent. Car que peuvent les lois sans les mœurs?

. . . . . . . . Quid leges sine moribus
Vanæ proficiunt?

demandait le poète Horace, qui, à défaut de haute moralité, avait beaucoup de bon sens. Ensuite les révolutionnaires, devenus les maîtres, firent quelques lois détestables, que vous condamnez avec raison. Plus tard, on les a abolies, mais sans réussir à guérir le mal qui les avait causées et qui subsiste encore. Ce qui pourrait remédier à ce mal profond, ce ne serait pas une loi nouvelle ou une vieille loi renouvelée sur les successions; il faudrait pour cela un retour complet et durable aux saines croyances et aux bonnes mœurs.

Il est vrai que, dans des ouvrages dont vous vous êtes inspiré et où l'on trouve, à côté de beaucoup d'observations très-instructives, beaucoup de conclusions plus que hasardées, M. Le Play a remarqué en diverses contrées la persistance de certaines lois antérieures à 1789, et il est vrai que dans ces mêmes contrées les liens de la famille lui ont paru moins relâchés qu'ils ne le sont dans les contrées où le Code civil français est en vigueur. M. Le Play a cru pouvoir attribuer à ces anciennes lois la conservation de ces mœurs antiques. Il n'a pas vu que ce sont les mœurs qui ont conservé les lois. Il n'a pas vu que ces vieilles lois, défectueuses en elles-mêmes, avaient pu se maintenir dans ces contrées, précisément parce que les inconvénients en étaient très-atténués par la puissance salutaire des mœurs et des croyances.

De même, mon Révérend Père, vous imaginez (1) pour la France un âge d'or futur, où les parents, libres des entraves de notre loi actuelle, laisseraient presque toute leur fortune à celui de leurs enfants qui leur paraîtrait le plus capable de la faire prospérer, de protéger ses frères et sœurs, et de pourvoir à leur avenir en leur assurant les moyens de vivre honorablement par le travail; où le fils ainsi favorisé se montrerait toujours digne de la confiance paternelle, et où tous ses frères, exempts d'envie, le considéreraient toujours comme un second père. Peut-être une partie des merveilles de cette *idylle*, comme vous l'appelez vous-même (2), pourrait-elle se réaliser chez une nation qui garderait, dans toute leur pureté, des mœurs patriarcales protégées par de fortes croyances. Mais, à plus forte raison, une telle nation s'arrangerait parfaitement et mieux encore de notre loi des successions. Il est vrai que cette loi a ses défauts; mais les vertus si parfaites que vous supposez feraient disparaître ces défauts dans la pratique. D'ailleurs, comme nous l'indiquerons en finissant, il serait possible de corriger ces défauts, sans toucher aux principes si équitables de cette loi, qui d'ailleurs, même telle qu'elle est, n'empêcherait pas les frères cohéritiers de conserver leurs habitudes patriarcales en s'entendant pour laisser à un seul d'entre eux, suivant le désir exprimé par le père, l'administration de toute la fortune.

Mais quittons le domaine de l'imagination et mettons-nous en présence de la réalité. De quoi s'agit-il? Ce n'est pas du tout de savoir si le remède que vous proposez pourrait être supporté par une constitution très-saine et très-vigoureuse. Il s'agit de savoir quel effet ce remède produirait sur le malade auquel vous conseillez de l'appliquer, c'est-à-dire sur notre société française telle qu'elle est. Ma conviction est que ce remède prétendu ne pourrait nous faire que du mal. A défaut d'une expérience désastreuse, qui heureusement ne se fera pas, je vais vous dire

(1) Pages 333-335.

(2) Page 335.

mes raisons de prévoir quels seraient les résultats de cette expérience, si elle venait à être tentée. Prenons les hommes de notre temps tels qu'ils sont, et voyons quelle influence pourraient exercer sur eux les deux mesures législatives que vous indiquez. Commençons par examiner les effets probables de la liberté testamentaire illimitée. Ensuite nous examinerons les effets probables de l'abolition du partage égal dans la succession *ab intestat*.

## III.

De nos jours, trop d'hommes, qui n'ont ni la vocation sacerdotale ou religieuse, ni le goût de la continence, ne se marient pas ou se marient fort tard. Vous avez raison (1) de voir là une des causes de cette immoralité qui fait sous nos yeux tant de ravages et tant de victimes. Parmi les motifs de cet éloignement de tant d'hommes pour le mariage, il y en a auxquels évidemment la loi des successions est tout-à-fait étrangère ; mais il y a d'autres motifs auxquels cette loi n'est pas indifférente : ce sont les seuls dont nous ayons à nous occuper ici. Le motif principal pour lequel beaucoup d'hommes ne se marient pas, c'est qu'avec nos habitudes de luxe effréné, d'ostentation et de plaisirs dispendieux, on trouve qu'une femme et des enfants coûtent trop cher. Le motif principal pour lequel on se marie tard, c'est qu'on attend à s'être créé une position et à se trouver suffisamment riche : les deux futurs époux calculent leur revenu présent et la part que la loi leur assure dans l'héritage futur de leurs parents. Si une loi, en donnant aux parents la liberté testamentaire illimitée, venait ôter aux enfants cette cause de sécurité pour l'avenir, on se marierait moins encore ou plus tard encore. En effet, alors aucun enfant ne pourrait plus compter sur rien, puisque, de la part des parents, tant qu'ils vivraient, un testament quelconque serait toujours possible et toujours révocable. Sous le régime d'une telle loi et avec nos mœurs

(1) Pages 339-340.

telles qu'elles sont, à moins d'avoir fait fortune, on attendrait, pour se marier, à avoir hérité, et, si l'héritage venait trop tard, on ne se marierait pas. Supposons le cas où les enfants seraient encore jeunes à la mort des parents et où l'un d'eux serait institué héritier de la majeure partie des biens. Celui-là se marierait, si tel était son goût. Il en serait de même du fils aîné sous une loi qui consacrerait le droit d'aînesse. Mais, quant aux autres enfants, il est évident que pour eux, c'est-à-dire pour le plus grand nombre, le mariage serait alors plus difficile qu'il ne l'est sous la loi actuelle.

Une des plaies de la famille, une cause d'immoralité et de désunion entre les époux, et en même temps l'obstacle principal à l'accroissement de la population française, accroissement dont maintenant les publicistes déplorent la lenteur comparative, c'est la crainte que les époux éprouvent d'avoir plus d'un ou deux enfants. La liberté testamentaire illimitée rendrait-elle les époux moins sensibles à cette crainte, comme vous semblez (1) le supposer? Permettez-moi de vous dire que c'est une illusion. En effet, évidemment, avec la liberté testamentaire, l'éducation des enfants ne serait pas moins à charge. La difficulté de les établir plus tard serait-elle moindre? Non, si ce n'est peut-être pour un des enfants, que les parents voudraient enrichir seul aux dépens des autres, et auquel ils feraient à cet égard des promesses qu'on voudrait bien croire irrévocables. Mais, quant aux autres enfants, il est bien évident que la difficulté de les marier et d'assurer leur avenir serait alors d'autant plus grande. Or, pourquoi supposer que, parmi leurs enfants, les parents ne s'inquiéteraient que d'un seul? Outre la sollicitude affectueuse que naturellement ils devraient éprouver pour leurs autres enfants, leur orgueil ne souffrirait-il pas de les savoir destinés à une condition trop inférieure? C'est pourquoi, autant, sinon plus, que maintenant, les époux craindraient d'avoir beaucoup d'enfants.

(1) Pages 339-340.

Mais, dites-vous, les déshérités travailleraient et se feraient une position indépendante. Dans notre société telle qu'elle est et avec nos habitudes telles qu'elles sont, est-ce donc toujours si facile, même avec la part maintenant assurée aux enfants dans l'héritage paternel? Pourquoi ceux qui seraient déshérités au profit d'un seul réussiraient-ils mieux avec moins de ressources? D'ailleurs, c'est à tous les hommes, et par conséquent à tous les membres de chaque famille, que Dieu a imposé la loi du travail (1). Au point de vue de ce précepte divin, le partage égal vaut mieux que les trop grandes inégalités, qui donneraient aux privilégiés la tentation d'oublier cette loi sainte du travail, ou de croire qu'elle n'est pas faite pour eux. Ne serait-il pas à craindre que les paroles sévères de l'Évangile (2) contre les riches fussent souvent applicables à ces privilégiés, enrichis sans travail aux dépens de leurs frères? Ce serait pour eux un grand malheur.

En résumé, une loi qui donnerait aux pères la liberté testamentaire illimitée serait moins favorable que la loi actuelle à la moralité publique, à l'augmentation de la population, au nombre et à la fécondité des mariages.

N'oublions pas un autre point de vue très-important à considérer. Ce serait se faire une grande illusion que de réserver tout le blâme pour les fils et d'attribuer aux pères toutes les vertus. Il ne faut pas oublier qu'à une même époque les pères et les fils sont les mêmes hommes à deux âges différents, et que l'âge n'a pas le pouvoir de donner toujours les vertus qui ont manqué à la jeunesse. A une époque où les fils ne sont pas ce qu'ils devraient être, il en doit être un peu de même des pères. Comment donc les pères, tels qu'ils sont, useraient-ils de la liberté illimitée de tester? Serait-ce toujours en faveur d'un de leurs enfants? Non; ce serait quelquefois en faveur d'un étranger, qui abuserait des défaillances intellectuelles et morales de la vieillesse; ce serait quelquefois en faveur d'une étrangère

(1) *Genèse*, III, 19.

(2) S. Mathieu, XIX, 23-24; S. Marc, X, 25; S. Luc, VI, 24; XVIII, 25.

et pour des motifs honteux ; ce serait quelquefois en faveur d'enfants illégitimes ou même adultérins ; ce serait souvent en faveur d'une seconde épouse et de ses enfants, au détriment des enfants nés d'un premier mariage. Détournons nos yeux de ces faits déplorables, qui malheureusement ne seraient pas rares. Parmi les enfants légitimes nés d'un même mariage, quel serait celui auquel les parents donneraient la majeure partie de l'héritage ? Serait-ce toujours le meilleur au point de vue moral ? Non. Serait-ce toujours le plus capable ? Non. Le meilleur n'est pas toujours le plus capable, et le plus capable est quelquefois un habile égoïste, très-disposé à devenir un mauvais frère, s'il ne l'est pas d'avance. Mais souvent ce ne serait ni le plus habile ni le plus capable qui aurait la préférence des parents. Ce serait trop souvent l'enfant gâté, adulateur hypocrite, auquel les parents pardonnent tout : après avoir dépensé pendant leur vie une partie de leur fortune, l'enfant gâté aurait la grosse part du reste après leur mort.

Le fils injustement favorisé au préjudice de ses frères et sœurs deviendrait-il toujours pour eux, comme par miracle, un frère modèle, un second père ? Serait-il toujours aimé d'eux ? Mériterait-il toujours de l'être ? D'après ce qui vient d'être dit et d'après ce que nous voyons tous les jours, il serait insensé de le supposer. La préférence donnée à un seul serait une source perpétuelle de jalousie, de discordes et de haines dans les familles.

Les libertés salutaires et durables sont les libertés sagement limitées par des lois conformes aux besoins des nations et des époques. De notre temps et en notre pays, la liberté de tester, restreinte pour les pères de famille à une certaine quotité disponible, est une liberté juste et nécessaire. Trop de parents ont le tort d'user mal de cette liberté restreinte : c'est leur faute et non celle de la loi. Mais le mal serait sans bornes, s'ils pouvaient, au mépris de leurs devoirs paternels, disposer par testament de leur fortune entière.

La liberté testamentaire illimitée rendrait-elle aux pères, avec le sentiment de leur responsabilité, la conscience de leurs devoirs envers leurs enfants? Non. Au contraire, le principe sur lequel on se fonde pour réclamer cette liberté achèverait plutôt d'étouffer cette conscience déjà trop endormie chez certains pères. En effet, quel est le principe invoqué en faveur du droit absolu des pères sur leur fortune? Suivant notre Code civil, les enfants illégitimes non reconnus n'ont aucun droit sur l'héritage des parents (1), et les enfants adultérins ou incestueux n'ont droit qu'à des aliments (2). Ce serait aussi à des aliments que se bornerait le *droit naturel* des enfants, même légitimes, suivant un principe formulé par Montesquieu (3), qui, du reste, pense (4) que la *loi civile* peut et doit restreindre plus ou moins, au profit de l'hérédité du sang, la liberté testamentaire (5). Ce principe prétendu assigne au devoir naturel des hommes envers leurs enfants les limites auxquelles s'arrête habituellement l'instinct des animaux pour le soin de leur progéniture. Mais ce principe est faux, comme l'assimilation sur laquelle il s'appuie tacitement, et le devoir naturel des pères va beaucoup plus loin. C'est pourtant sur ce principe que vous vous appuyez (6) pour soutenir, avec M. About, que des parents riches, lorsqu'ils ont élevé leurs enfants, ne leur doivent plus rien. Voilà un principe commode à l'usage des captateurs de testaments, comme aussi à l'usage des mauvais pères, qui mangent une partie de leur fortune pendant leur vie, et qui regrettent de laisser le reste à leurs enfants. Il est vrai qu'ils pourraient convertir leur fortune en rentes viagères. Mais la propriété est une douce chose, dont on n'aime pas à se dessaisir, et d'ailleurs ces mauvais pères

(1) *Code civil*, art. 756.

(2) *Code civil*, art. 762.

(3) *Esprit des lois*, XXVI, 6.

(4) *Esprit des lois*, XXVI, 6; XXVII, et V, 9.

(5) Montesquieu (*Esprit des lois*, XXVII) va même jusqu'à préférer à la liberté testamentaire, introduite peu à peu dans la législation romaine, la loi athénienne, qui ôtait entièrement cette liberté au père de famille. Et c'est Montesquieu que vous invoquez!

(6) Page 343.

ont quelquefois, en dehors de la famille, certaines affections prédominantes : la liberté illimitée de tester leur permettrait de garder leurs biens et de les laisser à qui ils voudraient après leur mort. De plus, le principe prétendu de droit naturel qu'on invoque en faveur de cette liberté légale, mettrait leur conscience en paix, en leur disant qu'après avoir fait la dépense d'élever leurs enfants, ils n'ont plus envers eux, en ce qui concerne la fortune, aucun devoir à remplir. Ce principe et cette liberté tendraient à détruire l'hérédité, qui est un des principaux liens de la famille et une des bases fondamentales de l'ordre social. Les socialistes ennemis de la propriété héréditaire ne manqueraient pas d'applaudir au principe ; mais ils pousseraient plus loin les conséquences : ils diraient que, la famille n'ayant aucun droit sur les biens du père défunt, l'État, toujours vivant, aurait seul des droits sur cette propriété, qui, gardée par le mourant jusqu'au dernier instant, lui échappe avec la vie. Pour résister à l'action dissolvante de cette législation si vantée d'avance, il faudrait une société plus stable et plus solide que la nôtre. La prudence anglaise, défiante pour tout changement, respecte dans la pratique les usages les moins justifiables en théorie, et ne les modifie que peu à peu. L'impétuosité française suit jusqu'au bout les conséquences logiques d'un principe une fois posé et accepté. Si, pour faire valoir le principe de l'omnipotence paternelle, vous réussissiez à ébranler le principe de l'hérédité transmise du père aux enfants, cette hérédité succomberait ; mais ce serait au profit du socialisme, ennemi de l'autorité paternelle et de la famille.

Supposons maintenant une loi moins radicale, qui ne donnerait au père la liberté testamentaire qu'à condition qu'il partagerait comme il voudrait entre ses enfants la majeure partie de sa fortune. Alors il y aurait toujours au moins un des enfants qui ne pourrait pas être déshérité. Mais sur lequel des enfants tomberait la préférence du père? et quels seraient trop souvent les effets de sa partialité en faveur d'un seul? J'ai déjà indiqué les conséquences funestes qui en résulteraient pour la famille, et je n'y reviendrai pas. Mais je dois signaler d'autres conséquences, encore plus désastreuses, qui concernent la société tout entière. Que deviendraient les enfants déshérités injustement au profit d'un de leurs frères, destiné seul à soutenir par sa fortune l'orgueil héréditaire de la famille? Sacrifiés à cet orgueil mal entendu, qu'il me paraît difficile de prendre pour une vertu chrétienne, les autres enfants s'indigneraient contre cette injustice. Peut-être quelques-uns des meilleurs et des plus capables sauraient faire leur chemin, ou bien se résigner à leur infortune, en disant avec l'Évangile (1) : « Heureux les pauvres ! » Mais ce serait le petit nombre. En France, à notre époque, la plupart de ces enfants déshérités prendraient en haine l'autorité paternelle et la loi protectrice des abus de cette autorité. Beaucoup d'entre eux iraient grossir les rangs des révolutionnaires, des ennemis de la propriété individuelle, des ennemis de la famille et de la société ; ils demanderaient à grands cris, soit la *liquidation sociale* et le partage entre tous, soit l'absorption de toute propriété individuelle par l'État, et ils seraient tout disposés à employer la violence pour renverser un ordre social dans lequel ils se trouveraient si mal traités. L'ordre social n'a déjà que trop d'ennemis, sans qu'on lui en fasse d'autres, qui, outre la passion révolutionnaire et quelque apparence de raison, auraient le nombre pour eux, tandis que les privilégiés, défenseurs intéressés de l'ordre social, seraient en minorité et peut-être peu convaincus de la bonté de leur cause.

Je n'ai pas besoin, je pense, d'en dire davantage pour montrer quelles seraient les conséquences probables d'une loi qui établirait maintenant en France la liberté testamentaire illimitée. Si une telle loi venait à être promulguée, ce qui pourrait nous arriver de plus heureux, ce serait qu'elle restât presque une lettre morte, et que la très-grande majorité des parents, plus sage et plus juste que les législateurs, eût le bon sens de s'en tenir à peu près au partage égal entre les enfants. Alors le but de la loi

(1) Saint Luc, *Évangile*, VI, 20.

serait manqué, et je ne pense pas que ce fût un mal. Mais une autre mesure législative, que vous demandez, avec les meilleures intentions du monde (je n'en doute pas), assurerait l'efficacité malheureuse de votre loi sur les successions testamentaires. C'est là votre second remède, qu'il s'agit d'examiner à son tour.

## IV.

Vous condamnez (1) le partage égal dans les successions *ab intestat*. Vous comprenez la haute portée de cet article du Code (2), et en cela vous avez raison. Peu importent maintenant les passions au milieu desquelles il a été voté depuis près d'un siècle. Il s'agit de savoir ce qu'il vaut en lui-même. Vous le condamnez comme étant le principe, funeste suivant vous, de toute notre législation sur les successions. Il est vrai que vous ne dites pas par quoi vous voudriez le remplacer. Mais il ne me paraît pas bien difficile de deviner votre pensée sur ce point, quelque contradiction qu'il y ait entre cette pensée et votre doctrine de la liberté testamentaire illimitée, c'est-à-dire du respect absolu pour la volonté exprimée par le propriétaire mourant. Une législation qui admettrait cette doctrine sans restriction devrait, pour rester conséquente avec elle-même, respecter aussi la volonté présumée du père de famille mort sans avoir testé. Or on doit naturellement conclure de son silence qu'il n'a pas voulu donner à l'un de ses enfants plus qu'aux autres. Sur quoi donc la loi ou les juges pourraient-ils s'appuyer pour établir un partage autre que le partage égal? Appartiendrait-il à des juges de choisir un des enfants pour lui donner la plus grosse part de la fortune? De quel droit ces juges se mettraient-ils ainsi à la place du père et en opposition avec sa volonté probable? Ce serait donc la loi elle-même qui devrait désigner un des enfants comme unique ou principal héritier, en vertu d'un principe invariable, sauf

(1) Pages 323 et 327.
(2) *Code civil*, art. 745.

décision contraire du père de famille. Mais, pour qu'une telle loi fût juste, il faudrait qu'un des enfants fût supposé avoir, sur la majeure partie de la fortune, un droit naturel antérieur à la loi elle-même et à toute volonté exprimée par les parents. Évidemment ce fils privilégié par la nature ne pourrait être que l'aîné. Mais alors, en présence de ce droit naturel de l'aîné, que deviendrait la liberté testamentaire assurée au père par votre autre article de loi? Cette liberté subsisterait : soit; mais dans quelles conditions? Si le père testateur en usait pour donner à un enfant autre que l'aîné, ou bien à un étranger, la plus forte part de sa fortune, ce ne serait pas seulement une faveur qu'il retirerait à l'aîné : il le priverait ainsi de son droit naturel, et l'opinion publique ne pourrait pas absoudre le fils, sans accuser d'iniquité la sentence prononcée par le père. Sous l'empire de cette loi, il arriverait rarement que le père voulût user de la liberté testamentaire pour flétrir ainsi son fils aîné. Le droit d'aînesse, d'après lequel la majeure partie de l'héritage appartiendrait au fils aîné, ce droit, restreint ou non par la concession d'une certaine part dite *légitime* aux autres enfants, constituerait la règle générale, et tout autre mode de partage serait une exception rare : au lieu de la liberté testamentaire, vainement écrite dans la loi, nous aurions en réalité le droit d'aînesse, non pas seulement comme il existait autrefois en France, c'est-à-dire pour les familles nobles, mais pour toutes les familles, à moins qu'on ne rétablît la distinction des classes et qu'on ne fît une autre législation pour les familles roturières. Or le droit d'aînesse est le contrepied de la liberté testamentaire. Mais il est vrai qu'ici, comme en bien d'autres matières, les extrêmes se touchent. Par des moyens différents et en vertu de principes contraires, le droit d'aînesse et la liberté testamentaire illimitée tendent à un même but, qui est la concentration durable et la transmission de grandes fortunes en un petit nombre de mains. Cette concentration artificielle, que nul principe de droit naturel et nul principe de la morale chrétienne ne réclament, me paraîtrait très-contraire à la sagesse politique dans les circonstances présentes.

En effet, on devrait comprendre qu'avec nos mœurs, notre caractère et nos idées, surtout avec les passions qui fermentent dans nos multitudes, la propriété a besoin d'être défendue par le nombre des propriétaires, et d'être justifiée par son origine, c'est-à-dire par le travail et l'épargne, qui la produisent et la conservent, et par l'hérédité qui la transmet du père aux enfants, c'est-à-dire naturellement et au même titre à tous les enfants, et non pas à un seul plus qu'aux autres. Quant à cette propriété concentrée artificiellement sur quelques têtes privilégiées et pouvant s'y perpétuer indéfiniment sans travail, elle ne résisterait pas longtemps à l'orage. Voilà ce que la Chambre des pairs a eu la sagesse de comprendre en 1826, et ce qui est plus clair encore, ce me semble, en 1872.

Désormais, en France, un projet de loi qui proposerait franchement le droit d'aînesse ne rencontrerait pas une assemblée assez aveugle pour le voter. J'espère qu'il en serait de même d'un projet de loi qui tendrait au même but en glissant le droit d'aînesse dans la succession *ab intestat*, derrière la vaine formule de la liberté testamentaire illimitée. Du reste, je suis convaincu que ceux qui réussiraient à faire voter ce projet de loi se prépareraient ainsi des regrets bien amers. Car cette loi, si on voulait la maintenir à tout prix, serait bientôt renversée par une révolution, qui, malheureusement, entraînerait d'autres ruines plus regrettables. N'aimant pas les révolutions, je crains les fautes qui les amènent.

## V.

Quant à une loi qui, plus conséquente avec elle-même, ordonnerait dans la succession *ab intestat* le partage égal entre tous les enfants légitimes du défunt, et dans la succession testamentaire l'exécution complète de la volonté quelconque du père testateur, j'ai déjà dit sur quels principes cette loi reposerait et quelles conséquences elle produirait chez nous, si les parents en faisaient l'usage auquel elle est destinée, c'est-à-dire s'ils faisaient passer sur une seule tête la majeure partie de leur fortune. Par son principe comme par ses conséquences, cette loi, ainsi appliquée, relâcherait de plus en plus les liens de la famille; elle tendrait à rendre les mariages plus rares, plus tardifs, moins moraux et moins féconds qu'ils ne sont; elle compromettrait l'hérédité, battue en brèche par les socialistes; elle fortifierait les conspirations des révolutionnaires et des anarchistes. En un mot, elle aggraverait tous nos maux, au lieu de les guérir. Je le répète, la cause du mal n'est pas dans nos lois actuelles, mais dans le désordre des esprits et des mœurs.

En France, malgré les guerres et les révolutions, la population s'est accrue d'une manière normale, pendant longtemps, depuis la promulgation du Code civil. Mais ensuite, pendant de longues années, certains économistes de l'école de Malthus ont signalé sans cesse, avec un zèle digne d'une meilleure cause, l'accroissement de la population comme un malheur public et comme le plus grand de tous les dangers pour toutes les nations et pour la nation française en particulier. Comme préservatif contre ce danger, capital suivant eux, ces économistes *utilitaires*, trop oublieux de la Providence divine et de la responsabilité humaine, ont prêché aux jeunes gens le célibat et aux personnes mariées ce qu'ils appelaient la *contrainte morale* (1), c'est-à-dire, en termes plus francs et plus clairs, la stérilité volontaire du mariage. Tel était le langage public des maîtres; mais, dans les commentaires de certains disciples, ardents propagateurs des conséquences pratiques de la doctrine, l'éloge du célibat devenait celui de la prostitution, qu'ils proposaient d'étendre, de perfectionner et d'ériger en institution publique, et l'exhortation à la *contrainte* dite *morale*, devenait l'enseignement de hideuses et funestes infamies, que je ne veux pas indiquer plus clairement. Je n'en parle pas sur de vains bruits; car non seulement j'ai lu les leçons des maîtres, mais j'ai entendu, avec une indignation

(1) Telle était l'expression habituelle d'un économiste très-renommé, M. Dunoyer.

non dissimulée, les commentaires effrontés des disciples. Chez nous, il faut bien le dire, ces doctrines coupables n'ont que trop réussi, par suite du défaut de croyances et par la complicité des calculs égoïstes et des mauvaises mœurs. Les familles nombreuses, de plus en plus rares, sont devenues, de la part des esprits forts, un objet de risée. Cependant le mal est devenu évident par la statistique de la population française comparée à celle d'autres États. Alors nos publicistes ont jeté un cri d'alarme bien contraire à celui de l'école de Malthus. Mais, au lieu de voir dans l'amoindrissement du nombre des naissances le résultat d'un fait volontaire et de s'en prendre aux mœurs, certains hommes politiques s'en sont pris au service militaire, et en face des armements de la Prusse ils ont demandé le désarmement de la France! Plus tard, trop tard, hélas! les enseignements de certains économistes ont été jugés d'après leurs fruits. Alors, enfin, l'on a commencé à comprendre que, même au point de vue des intérêts matériels, la morale et la religion sont bonnes à quelque chose. Quand on l'aura compris tout-à-fait et qu'on aura commencé à faire de cette conviction la règle de sa conduite, nous serons bien près d'être sauvés, sans qu'il soit besoin de bouleverser les principes du Code civil, ou de méconnaître la nécessité présente de l'obligation du service militaire pour tous les citoyens, obligation que, d'ailleurs, je crois juste et salutaire (1).

J'ignore quel gouvernement la France se donnera. Je souhaite, avant tout, que ce gouvernement, quel qu'il soit et quelque nom qu'il porte, au lieu de s'établir par un acte de violence parti de la caserne ou de la rue, ou par quelque mesure d'une légalité douteuse, soit fondé par la volonté libre et réfléchie de la nation loyalement consultée, et qu'ensuite, fort de son droit, il travaille à rétablir partout l'ordre, l'obéissance à la loi et le respect de l'autorité, et qu'il nous assure les libertés nécessaires,

(1) Ce n'est point ici le lieu de le démontrer; mais j'espère que d'autres le feront et qu'ils obtiendront l'assentiment de la majorité des représentants de la nation.

que nous saurons garder, si nous savons en être dignes. Car, en général, sauf le cas d'une oppression étrangère, les peuples ont les gouvernements qu'ils méritent d'avoir.

Certains hommes entrevoient que, dans ces temps difficiles, le christianisme nous est très-nécessaire; mais, pour le conserver, ils nous proposent de le transformer, c'est-à-dire de l'anéantir (1). D'autres nous recommandent, comme remède à nos maux, une discipline sévère; mais ils s'imaginent que pour y arriver, la première chose à faire, c'est de rompre entièrement avec toute religion (2). Ils ne comprennent pas qu'une nation sans religion serait une nation sans mœurs, pour laquelle il n'y aurait de possible que le despotisme et l'anarchie. Aussi, parmi les hommes qui ont travaillé à ébranler chez nous les croyances chrétiennes, je ne suis pas surpris de voir que les uns, pour résister au torrent démocratique, demandent la domination d'un homme, ou bien la domination d'une classe privilégiée (3), tandis que les autres, qui veulent sans doute que le torrent ait son cours, demandent une liberté sans frein (4), qui serait bientôt la licence pour quelques-uns et l'oppression pour tous. Ces deux partis l'emporteraient tour à tour, sans que la vraie liberté pût trouver place entre eux. Au contraire, les peuples vraiment religieux et moraux peuvent être vraiment libres, parce que chez eux, suivant l'expression de l'apôtre saint Pierre (5), la liberté ne sert pas à couvrir de mauvais desseins. Pour être digne de la liberté civile et politique et pour être capable de la porter et de la conserver, il faut posséder d'abord la liberté intérieure, c'est-à-dire être exempt du joug des idées fausses et des mauvaises passions. En apportant aux hommes la liberté intérieure, le christianisme a préparé la liberté extérieure, qui ne peut pas se soutenir sans

(1) Voyez plus loin, *Deuxième remède.*

(2) Voyez plus loin, *Troisième* et *Quatrième remèdes.*

(3) Voyez plus loin, *Cinquième remède.*

(4) Voyez plus loin, *Sixième remède.*

(5) *Première épître*, II, 16.

la première. Où est l'esprit de Dieu, a dit saint Paul (1), là est la liberté.

Sous quelque forme de gouvernement et avec quelques lois que nous soyons destinés à vivre, sachons bien que, pour le salut de la patrie comme pour le nôtre, il faut devenir meilleurs chacun individuellement, et faire tous nos efforts pour rendre les autres meilleurs par la force de la persuasion et de l'exemple; qu'il ne faut pas laisser libre carrière à la propagande de l'athéisme, du matérialisme, de l'immoralité et de la violence révolutionnaire; mais qu'à la diffusion trop facile des doctrines qui soulèvent toutes les mauvaises passions en supprimant d'une part la crainte de Dieu avec la notion des peines et des récompenses d'une autre vie, d'autre part le respect de la conscience avec la notion du libre arbitre et de la responsabilité morale, et qui ne laissent ainsi subsister que le pouvoir brutal de la force (2), il faut opposer avec zèle la propagande de la religion, de la sagesse, de la moralité et de la fraternité chrétienne. Là et non ailleurs est le salut de notre chère et malheureuse patrie, pour laquelle, grâce à Dieu, nous pouvons encore espérer des temps meilleurs. Voilà ce que viennent de nous dire, avec un admirable accord, beaucoup de voix (3) aussi diverses qu'éloquentes chacune à leur manière, et voilà ce qu'on ne saurait trop répéter et surtout mettre en pratique. Mais défions-nous des panacées qui

(1) *Deuxième épître aux Corinthiens,* III, 17.

(2) Voyez plus loin, *Quatrième remède.*

(3) Je dois citer surtout le P. Adolphe Perraud, oratorien, *les Paroles de l'heure présente;* le P. Olivier, dominicain, *Nos malheurs, leurs causes, leurs remèdes;* M. Amédée de Margerie, professeur à la Faculté des lettres de Nancy, *la Restauration de la France;* M. Rondelet, professeur à la Faculté des lettres de Clermont, *Du découragement, Réflexions sur le temps présent;* le P. Toulemont, jésuite, *Le découragement des honnêtes gens et le devoir du courage au temps actuel (Études religieuses*, etc., avril 1872); Mgr Landriot, archevêque de Reims, *L'autorité et la liberté;* et M. Caro, membre de l'Institut, l'un des rédacteurs de la *Revue des Deux-Mondes, les Jours d'épreuve,* IIe partie, *la Révolution.*

ne peuvent rien guérir et qui font tort aux vrais remèdes, ne fût-ce qu'en les faisant oublier.

Je sais, mon Révérend Père, que vous ne les oubliez pas : si j'insiste sur ce point, c'est parce que je n'écris pas pour vous seul. Certains esprits ne sont que trop disposés à écarter la pensée importune des remèdes nécessaires, qui les concernent eux-mêmes, et à s'en laisser distraire par une vaine confiance en des remèdes qui dépendent du pouvoir législatif, mais qui sont illusoires. Or je dois dire que tel me paraît être le remède adopté par vous, et auquel le mérite réel et la vogue présente des ouvrages de M. Le Play donnent en ce moment une importance sérieuse.

## VI.

Est-ce à dire qu'il n'y ait aucune modification utile à introduire dans notre législation sur les successions ? Je suis loin de le prétendre. Mais, si notre Code civil exagère un peu trop certaines restrictions de la liberté testamentaire, ce n'est pas une raison pour nous jeter dans un excès opposé et plus dangereux. Il me paraît très-nécessaire que l'hérédité dans la famille légitime et en faveur de tous les enfants continue d'être protégée par une *réserve légale* suffisante, et que le partage égal de l'héritage entre frères et sœurs reste la règle, restreinte seulement par la fixation légale d'une *quotité disponible.* Mais je voudrais que le partage égal, en restant obligatoire pour l'*ensemble des biens* compris dans la réserve, cessât d'être obligatoire pour *chaque nature de biens,* et que le père testateur eût le droit, non-seulement d'attribuer à qui il voudrait la quotité disponible, mais aussi de distribuer à son gré entre ses enfants les diverses natures de biens, à condition toutefois que celui dont la part serait plus forte que celles des autres, d'après une estimation contradictoire, assurerait à ses cohéritiers une compensation suffisante, rendue souvent inutile par le don de la quotité disponible. De plus, je voudrais que, soit pour les établissements industriels ou commerciaux qui ne peuvent pas se diviser sans une perte grave, soit pour les terres au-dessous d'un certain *minimum* de contenance pour chaque part, la licitation fût de droit, à moins que tous les héritiers sans exception ne fussent d'accord pour l'indivision avec une administration acceptée par eux tous et avec partage des bénéfices nets. Je voudrais que, dans la liquidation des petites successions, la loi cessât d'imposer, lorsqu'il y a des mineurs, certaines formalités dispendieuses, dont les frais absorbent quelquefois toute la succession. Il me paraîtrait même bon qu'outre le droit de donner la quotité disponible et de faire ainsi, sans impliquer aucun blâme contre les héritiers, une largesse peut-être réclamée par la justice, le père eût le droit de punir dans une certaine mesure un ou plusieurs de ses enfants, en retirant à chacun par testament le quart de sa part dans la réserve légale; mais je voudrais que ce fût à la condition d'en faire don à un ou plusieurs établissements publics de bienfaisance. Enfin, je voudrais que les causes d'*indignité* absolue pour un héritage fussent plus étendues qu'elles ne le sont d'après nos lois (1). Je voudrais même, si la sagesse des législateurs n'y voyait pas trop d'inconvénients, que, pour une cause d'indignité non absolue, mais plus ou moins grave, les mauvais fils pussent être privés judiciairement des trois quarts ou de la moitié de leurs droits dans l'héritage de leurs parents, soit en vertu d'une plainte formulée par ceux-ci dans un testament, soit d'office à la requête du ministère public.

En outre, il y a des choses très-désirables, qui dépendent de l'initiative individuelle et que la loi ne peut pas commander, mais qu'elle doit seulement protéger et encourager. Telle est l'association des capitaux pour de grandes exploitations agricoles, de même que pour de grandes entreprises industrielles ou commerciales. Telle est surtout la colonisation, qui porte au loin l'influence de la patrie, en augmente les ressources, et fournit un débouché utile aux populations trop agglomérées et

(1) *Code civil*, art. 727.

aux familles trop nombreuses. Il importe donc de favoriser la colonisation, par exemple par des concessions de terres en Algérie et ailleurs.

Comme vous le voyez, mon Révérend Père, pour la consolidation de l'autorité paternelle et des liens sacrés de la famille, pour l'accroissement de la population et pour la prospérité de l'agriculture et de l'industrie, je partage entièrement vos bonnes intentions, auxquelles je rends hommage. C'est sur les moyens que je suis en désaccord avec vous, et encore je ne doute pas de votre adhésion aux moyens moraux que j'ai rappelés et qui ont été conseillés par des voix plus éloquentes que la mienne. Mais vous proposez avec une grande confiance, que je ne puis partager, des moyens législatifs qui ne me paraissent ni utiles, ni justes, ni possibles en France à notre époque. Au contraire, la réforme des mœurs est non-seulement utile, mais nécessaire; elle est juste, elle est possible avec l'aide de Dieu, elle dépend des individus, et elle est un devoir pour chacun d'eux. Ce qu'il faut leur dire, ce n'est pas de changer nos lois civiles, qui, sans être parfaites, valent bien mieux que nos mœurs : il faut leur dire de se corriger eux-mêmes, en commençant par modérer ce luxe insensé, qui dévore inutilement les ressources de tant de familles plus vaniteuses que riches, pour lequel on se prive de tant de jouissances saines et pures, qui cause tant de gêne, de troubles domestiques et de chagrins, et auquel on sacrifie tant de devoirs de tout genre (1).

Je vous quitte, pour aborder d'autres questions, sur lesquelles j'espère obtenir votre assentiment.

Agréez, mon Révérend Père, l'assurance de mes sentiments respectueux.

Th.-Henri MARTIN.

(1) Je saisis l'occasion de citer encore un bon livre : *Le Luxe, notre ennemi*, par M. Nadault de Buffon, avocat-général près la Cour d'appel de Rennes.

DEUXIÈME REMÈDE.

# LE CHRISTIANISME NATUREL

ET SON

## ÉGLISE PHILOSOPHIQUE.

Dans le dernier chapitre d'un volume qui vient de paraître, un des principaux chefs du rationalisme spiritualiste, M. Paul Janet (1), éclairé à moitié par la triste expérience de notre temps, déclare que la meilleure philosophie ne suffit pas; qu'une religion, autre que la religion naturelle des philosophes, est nécessaire à tous les hommes, y compris les philosophes eux-mêmes, qui sont incapables de la fonder; que personne au monde ne peut inventer une religion qui mérite de remplacer le christianisme, et que c'est à cette antique religion, donnée par la tradition, que les philosophes eux-mêmes doivent se rattacher.

Voilà le rayon de lumière; maintenant voici les ténèbres non dissipées. L'auteur se hâte de nous dire que, pour rendre le christianisme acceptable au XIXe siècle, il faut le transformer complétement; que non-seulement il faut en retrancher tous ses dogmes particuliers, en commençant par le dogme de la divinité de Jé-

(1) *Les Problèmes du XIXe siècle*, livre V, chapitre 3, *le Problème religieux*, pages 482-499 (Paris, 1872, in-8). Ce chapitre m'a fait de la peine, à la fin d'un volume où il y a d'excellentes choses. L'auteur est mieux inspiré quand il parle de ce qu'il sait, c'est-à-dire de philosophie ou de littérature, que lorsqu'il parle de religion.

sus-Christ, mais que, de plus, il faut supprimer absolument ce que l'honnête Channing admettait encore dans une certaine mesure, c'est-à-dire toute notion d'une action spéciale de Dieu en dehors des lois générales de l'univers, toute notion d'une révélation divine, toute notion du surnaturel. On aurait ainsi ce que l'auteur appelle un *Christianisme naturel*, identique au déisme des philosophes qui auraient présidé à cette transformation de l'ancien christianisme. Ensuite, nous dit expressément M. Janet (1), « l'*Église philosophique*, ainsi constituée, prendrait pour temple la vieille Église chrétienne émancipée et rajeunie. » Alors aussi, sans doute, cette *Église philosophique*, dont le nom rappelle trop le *diocèse des libres penseurs* proclamé en plein Sénat par M. de Sainte-Beuve, s'installerait dans les temples chrétiens, où elle appellerait à elle toutes les croyances et toutes les incrédulités. Alors nous aurions la *religion du XIXe siècle*, religion qu'on ferait bien d'appeler ainsi, car elle ne verrait pas le XXe siècle.

Quel serait le culte dans cette religion sans dogmes et sans prières? Quels en seraient les prêtres sans mission et sans croyance? Et que feraient-ils de nos temples, sinon des athénées ouverts aux déclamations les plus discordantes, et bientôt des clubs ouverts à toutes les extravagances? Et voilà ce qu'on appellerait une religion! Cela durerait peut-être ce qu'a duré dans nos temples profanés la religion fondée par Robespierre. La religion nouvelle se recommanderait-elle par une moralité supérieure à celle de cette religion révolutionnaire? Non, si la sincérité est la condition première de la moralité. En effet, il suffit d'avoir lu l'Évangile, pour savoir que la doctrine de Jésus-Christ est entièrement contraire à ce christianisme prétendu. Dès lors, que signifierait ici le nom de *christianisme?* Et à quoi servirait ce nom, si ce n'est à faire des dupes?

Ainsi, ce que l'auteur jugeait nécessaire à tous les hommes, ce qu'aucune philosophie, suivant lui, ne pouvait remplacer,

(1) Page 499.

ce n'était pas, comme il le disait, une religion, ce n'était pas, comme il le disait, le christianisme ; c'était le nom sans la chose, le nom de christianisme comme moyen de supprimer la religion chrétienne et de mettre à sa place le déisme travesti en religion.

Je crois que la masse de la nation française aurait trop de droiture et de bon sens pour se laisser prendre à une déception pareille : il faudrait pour cela un peuple d'un esprit plus nuageux. Aussi l'auteur avoue qu'il compte peu sur la France, où « malheureusement, suivant lui (1), entre l'orthodoxie catholique et l'incrédulité voltairienne on ne connaît guère de milieu. » Il croit que l'avenir appartient soit à son *christianisme naturel*, soit à l'athéisme, dont le triomphe lui paraît fort à craindre. Il aurait raison de craindre ce triomphe, si, pour l'empêcher, il n'y avait qu'un rationalisme si disposé à de funestes concessions (2). Mais le philosophe ne sait pas quelle est en France la puissance de la foi catholique, ni quels progrès elle fait en Angleterre et aux États-Unis. Du reste, il rend justice aux catholiques en n'espérant rien d'eux pour son pseudo-christianisme. Il tourne ses regards vers les protestants, c'est-à-dire, sans doute, surtout vers ceux du nouvel empire germanique ; mais l'école pseudo-chrétienne d'Hegel y est en décadence, et l'incrédulité hardiment matérialiste, à laquelle cette école a frayé la voie, y fait de grands progrès. Le pseudo-christianisme a-t-il des chances de succès près des sectes protestantes en général ? Ici il est juste de distinguer. S'il s'agit des protestants restés chrétiens, de ces protestants qui croient encore à une révélation divine, à l'autorité des Livres saints ou même à la divinité de Jésus-Christ, ils sont peut-être sur la pente, mais ils ne sont pas descendus jusqu'au niveau du pseudo-christianisme. Mais, s'il s'agit de certains ministres protestants, qui, rejetant entièrement le surnaturel, ne gardent du christianisme que le nom avec les émoluments attachés à leurs fonctions, ceux-là, j'en

(1) Page 497.

(2) Voyez page 30, et *Quatrième remède*, pages 36-38.

conviens, sont acquis d'avance, avec la plupart de leurs adhérents, à l'Église philosophique.

La nouvelle Église aurait-elle l'adhésion des spiritualistes rationalistes? Parmi ces philosophes, il y en a que je connais, que j'estime et que j'aime, et je sais que, sans partager ma foi au christianisme, ils le respectent trop et se respectent trop eux-mêmes, pour en adopter une parodie pseudonyme. Quant aux autres, répondraient-ils aux espérances de l'auteur? Je l'ignore; mais, jusqu'à preuve contraire, j'aime mieux supposer qu'ils tiendraient à paraître ce qu'ils sont. Du reste, ce n'est pas seulement de l'école spiritualiste que l'auteur espère voir sortir des adhérents pour son Église philosophique. Il pense (1) qu'avec de petites concessions mutuelles les panthéistes et les spiritualistes pourraient s'y réunir. Le spiritualisme *sacrifierait*, dit-il, *quelque chose de ses tendances anthropomorphiques*, c'est-à-dire sans doute de ses notions sur Dieu considéré comme un être personnel et pensant. En revanche, le panthéisme consentirait à *introduire dans le principe absolu de l'univers*, c'est-à-dire dans son Dieu, *le principe moral et spirituel*, c'est-à-dire sans doute une pensée et une moralité impersonnelles et inconscientes. Il paraît que la nouvelle Église ne demanderait pas même au panthéisme une réserve en faveur de la personnalité, de la liberté morale et de la responsabilité humaines, qu'il détruit. En un mot, dans l'Église nouvelle, les panthéistes et les spiritualistes s'accorderaient entre eux aux dépens de la vérité.

Mais l'auteur oublie d'autres philosophes qui pourraient aisément trouver place dans cette Église si large. Ces philosophes, que je n'appelle pas athées de peur de leur faire de la peine, sont ceux qui déclarent que Dieu n'existe pas, et qu'il est seulement un idéal conçu par notre esprit et sans réalité en dehors de l'esprit qui le conçoit, mais qui trouvent que pourtant le mot *Dieu* est un bon vieux mot, utile à conserver. A ceux qui acceptent ainsi le mot *Dieu* sans Dieu, il n'en coûterait pas plus

(1) Page 498.

d'accepter le mot *christianisme* sans christianisme, et ils pourraient parfaitement entrer dans la même Église philosophique avec les panthéistes qui disent que Dieu est le grand tout considéré dans son universalité vivante, ou bien qu'il est l'Être en général, fond commun des êtres particuliers, et en même temps avec certains philosophes spiritualistes, qui trouvent qu'entre eux et les philosophes chrétiens il y a un abîme, mais qu'entre eux et les philosophes panthéistes il n'y a qu'une nuance (1). Pour se faire admettre dans cette Église du *christianisme naturel*, la seule condition indispensable serait de n'être pas chrétien, de même qu'aujourd'hui, pour être protestant, il suffit de n'être pas catholique.

Mais, en dehors de cette Église pseudo-chrétienne, resteraient toujours les vrais chrétiens, qui se disent ce qu'ils sont et qui tiennent à être ce qu'ils disent être, et parmi eux il y aurait toujours de vrais philosophes, usant, avec plus ou moins de prudence, de hardiesse et de succès, d'une large liberté de pensée (2), telle que l'ont pratiquée saint Augustin, saint Anselme, saint Thomas, saint Bonaventure, Descartes, Malebranche, Leibniz, le P. Gratry, et tant d'autres que je pourrais citer. Seulement on ne pourrait pas compter parmi eux un Pomponace, un Vanini, un Spinoza, un Hegel ou un Auguste Comte. Mais des philosophes de ce dernier genre pourraient toujours se produire, à côté des spiritualistes, soit dans la nouvelle Église philosophique, soit en dehors.

En somme, pourvu qu'on nous laissât notre liberté et nos temples, la proclamation du *christianisme naturel* pourrait n'apporter que peu de changement dans l'état des esprits et des croyances : il y aurait seulement un faux nom, un malentendu et quelques illusions de plus.

Ce n'est pas là ce qui peut nous sauver.

(1) Voyez pages 36-38.

(2) Voyez le R. P. Matignon, *la Liberté de l'esprit humain dans la foi catholique* (Paris, 1864, in-8).

TROISIÈME REMÈDE.

# LA LIBRE PENSÉE

ET SA

## DISCIPLINE MORALE.

Au milieu des malheurs de la France, et avec l'intention expresse de contribuer pour sa part à y remédier, un littérateur distingué, qui semble avoir contre le christianisme les ardeurs invétérées d'une haine personnelle incompréhensible pour moi (1), M. Ernest Havet (2) vient de publier, en deux volumes in-octavo, la première partie d'un grand ouvrage destiné à prouver par l'histoire l'inutilité du christianisme dans le passé, dans le présent et dans l'avenir (3). Suivant lui, la première

(1) Cela m'étonne et m'afflige de la part de mon bon camarade d'École normale. Cela m'étonnerait moins de la part d'un ancien séminariste, comme Proudhon et d'autres. On a quelquefois de ces sentiments là pour ce qu'on a quitté.

(2) *Le Christianisme et ses origines*, 1re partie, *l'Hellénisme*, 2 vol. in-8° (Paris, 1872). Ces deux volumes, où les côtés brillants de l'hellénisme sont montrés seuls et éclairés d'une lumière un peu factice, gagneraient beaucoup, au point de vue de la vérité historique comme au point de vue de l'art, si les ombres naturelles du tableau, c'est-à-dire les mauvais côtés de l'hellénisme, y remplaçaient des comparaisons trop peu justes avec le christianisme.

(3) Tout autre est la pensée du savant Max Müller, dans ses *Essais sur l'histoire des religions*, traduction de M. Harris (Paris, Didier et Cie, 1872, in-8°). Voyez surtout le deuxième article, *le Christ et les autres maîtres*.

condition de salut pour nous est la *libre pensée.* « Il faut, dit-il (1), nous affranchir de toute autorité, de toute tradition qui ne s'appuie pas sur la raison, » c'est-à-dire, suivant lui, de toute autorité et de toute tradition religieuses. Il est vrai qu'en même temps que la nécessité de la *République* et de la *libre pensée*, il proclame la nécessité de la *morale* et de la *discipline*. Contre la *République*, je n'ai aucune objection, pourvu qu'elle soit voulue par la nation et qu'elle soit la République de tous les Français, et non celle d'une coterie qui la perdrait bien vite par son esprit exclusif et violent et par son hostilité contre le christianisme. Quant à la *libre pensée* telle qu'on l'entend, c'est-à-dire l'absence de toute religion naturelle ou positive, de toute croyance philosophique ou religieuse à une providence divine et à une vie future, si cette *libre pensée* devenait dominante, elle nous ramènerait bien vite aux hideuses et sanglantes saturnales de la Commune, que nous n'avons nulle envie de revoir. La *morale* est, sans contredit, une excellente chose ; mais je crois peu, si ce n'est à titre d'exception rare, à des vertus fondées sur une *morale indépendante* de toute croyance. Une morale fondée sur la *libre pensée* me semble une très-mauvaise garantie des mœurs publiques ; car, bien que la pratique ne s'accorde pas toujours parfaitement avec la théorie, je ne puis pas admettre qu'elle en soit absolument indépendante : le bon sens et l'observation s'accordent trop bien à dire le contraire. Quant à la *discipline*, elle a pour fondements l'obéissance et le respect. L'*obéissance !* Mais obéissance à quoi ? Est-ce à la libre pensée des socialistes, qui veulent l'absorption de toute liberté et de toute propriété individuelles dans l'omnipotence de l'État, c'est-à-dire des chefs du socialisme ? Ou bien est-ce à la libre pensée de Proudhon et des autres théoriciens de l'*anarchie* et de l'individualisme absolu ? Le *respect !* Mais respect de quoi ? De la loi, peut-être. Mais est-ce de la loi telle qu'elle est, ou bien de la loi telle que certains libres penseurs voudraient la faire malgré le vœu de la majorité ? Est-

(1) Tome 1er, *Avant-propos*. Voyez aussi la *Préface*.

ce le respect de la volonté de la majorité? C'est ce que nous demandons, sans croire pourtant que cette volonté soit infaillible. Mais c'est ce que ne veut pas la libre pensée, qui sent trop qu'elle n'a pas la majorité pour elle. Est-ce le respect de la volonté des minorités violentes et oppressives? Alors c'est le triomphe momentané du plus fort, jusqu'à ce qu'il succombe à son tour. Ce n'est pas ce qui nous sauvera, car c'est précisément ce qui nous perd, et c'est là que la libre pensée nous conduit. Un peuple qui ne croit rien, ne respecte rien que la force, tant qu'elle dure : la discipline, pour lui, n'est pas une loi à laquelle il se soumet et qu'il accepte par devoir, mais un joug qu'on lui impose, qu'il subit par contrainte et qu'il est impatient de secouer.

Heureux les peuples qui respectent Dieu et la conscience, et qui croient fermement à une justice divine! Ceux-là peuvent être libres sous l'empire de la loi. Ils savent que tout pouvoir vient de Dieu, qui a créé l'homme pour vivre en société. Mais ils savent aussi que Dieu n'a pas révélé à chaque peuple quelle doit être à jamais la forme de son gouvernement, ni quels doivent en être les chefs. Ils savent que, sur les questions de cette nature, le signe habituel de la volonté de Dieu, c'est le vote exprès ou l'assentiment tacite de la majorité de la nation, qui veut être gouvernée d'après ses aptitudes et ses besoins et d'après les lois qui lui conviennent. Ils savent que le gouvernement qui satisfait à ces conditions est un gouvernement légitime, contre lequel les minorités mécontentes n'ont pas le droit de s'insurger. Telle est la doctrine de saint Thomas, plus libérale que celle des révolutionnaires, qui font perpétuellement appel aux minorités factieuses, et qui, par des excès contraires et également illégaux, nous ballotent de l'anarchie au despotisme et du despotisme à l'anarchie, et qui nous livrent ainsi à la merci de l'étranger.

QUATRIÈME REMÈDE.

# L'ATHÉISME HONNÊTE

ET LE

## RATIONALISME PUR.

Parmi les hommes qui enseignent que Dieu n'existe pas, et même parmi ceux qui ajoutent que l'homme n'est rien qu'un corps organisé et vivant, entièrement soumis, comme tous les corps, aux lois aveugles de la matière, quelques-uns sont trop honnêtes pour vouloir les conséquences de ces funestes doctrines; ils éprouvent même une indignation vertueuse contre ces conséquences, dont ils sont consternés, quand ils les voient se produire. Mais leurs doctrines ne portent pas moins leurs fruits naturels. Les multitudes sans croyances goûtent fort peu la *morale*, quelque *indépendante* qu'elle soit. Leur égoïsme grossier, auquel l'on a appris à n'espérer rien au-delà des jouissances matérielles de la vie présente, reste fort étranger aux vertus sociales qu'on enseigne en haut lieu sous le nom peu populaire et peu français d'*altruisme*. Dans ces classes dangereuses de la société, les lettrés, surtout les fils tarés de la bourgeoisie, sont les pires (1) : avec les clubs, les mauvais journaux et les mauvais livres, ils sont, dans la perversité, les initiateurs des enfants du peuple. On a démoralisé ces malheureux, en leur faisant croire que l'homme,

(1) Voyez M. Caro, *les Jours d'Epreuve*, IIe partie, *la Révolution*, II *La Fin de la Bohême*.

descendant des singes et par eux quelque mollusque innommé, est un être purement matériel, sans liberté morale et obéissant invinciblement aux lois de l'instinct, c'est-à-dire, sous une autre forme plus compliquée, aux lois aveugles de la matière. Ce qui pourrait réveiller en eux quelques bons sentiments, ce serait la voix de l'Évangile, si elle pouvait pénétrer jusqu'à eux : après avoir relevé leurs pensées et leurs espérances, elle pourrait, au nom de Dieu et de leur conscience, leur parler de devoir, de patience, de fraternité et de dévoûment. Mais on n'a que trop réussi à inspirer à ces multitudes égarées une défiance et une aversion profondes pour toute religion. Les enseignements théoriques donnés d'en haut par les philosophes dont nous parlons ont descendu jusqu'à elles, mais transformés et rendus pratiques par des disciples de bas étage, qui les ont mis à la portée des masses populaires. Ces masses sont un sol propice, où ces funestes enseignements ont fermenté et germé ; nous avons vu la moisson. Quant aux maîtres, ils n'y ont rien compris. Suivant l'expression de l'Écriture Sainte (1), ils *sèment le vent*, et puis ils s'étonnent et s'affligent de *recueillir la tempête*. Ils ne sont pas détrompés, et ils continuent imperturbablement à semer l'athéisme et le matérialisme, avec le naïf espoir de voir germer et croître la moralité publique. Leur excuse est qu'ils ne savent pas ce qu'ils font (2). Il faut donc avoir pour les hommes une indulgence qui, je le répète, n'est souvent que de la justice. Mais il faut rester sévère pour les doctrines : ainsi le veulent les intérêts de la vérité, de la morale et de la société.

Cependant, parmi les philosophes spiritualistes, il y a quelques rationalistes ardents qui ferment les yeux sur le mal produit par la philosophie athée et par le matérialisme : pour eux, cette philosophie est une alliée indocile, qu'ils tâchent d'amener à eux, et à laquelle, dans ce vain espoir, ils font beaucoup de concessions plus qu'imprudentes. C'est que, pour eux, l'ennemi

(1) *Osée*, VIII, 7.
(2) Saint-Luc, *Ev.*, XXIII, 34.

commun, c'est la philosophie chrétienne, qui pourtant croit tout ce qu'ils croient, mais dont la faute, impardonnable à leurs yeux, est de croire quelque chose de plus. Ils semblent vraiment avoir plus d'aversion pour la vérité religieuse que pour les erreurs philosophiques les plus opposées aux vérités qu'ils enseignent eux-mêmes et qu'ils défendent vaillamment, mais qu'ils compromettent en livrant à leurs alliés prétendus des positions indispensables pour la défense de ces mêmes vérités (1).

« Nous aimons mieux, dit l'un des chefs de cette école (2), *l'erreur librement cherchée* que la vérité servilement adoptée. » Il me semble qu'au lieu de *chercher librement l'erreur*, toujours trop facile à trouver, il vaut mieux *chercher librement la vérité* partout où elle se trouve. Or, c'est précisément en cela que consiste la *servilité* prétendue de ceux qu'on affecte d'appeler *théologiens*, c'est-à-dire des philosophes chrétiens, dont voici le langage bien sincère : « La raison vient de Dieu ; elle est une source certaine de vérité ; je lui demande ce qu'elle peut me donner ; mais l'usage que ma faiblesse en peut faire est borné et faillible. Ce qu'elle ne me donne pas directement, je le demande à une autre source qu'elle me montre. Si je m'égare trop en croyant suivre la raison, je suis remis dans la droite voie par un guide sûr, qu'elle m'indique. En effet, la raison me dit que Dieu est infini en sagesse et en puissance et qu'il est absolument véridique. Après avoir examiné et vérifié avec ma raison les preuves du fait de la révélation chrétienne, je suis obligé de conclure que c'est un fait historique bien certain. Ensuite j'obéis à ma raison en croyant ce que Dieu a révélé. Si, parmi les objets de cette révélation, se trouve une proposition que ma raison puisse établir directement, je crois à cette proposition en vertu

(1) Voyez plus haut, pages 30-31. Mais surtout voyez les réflexions très-justes de M. de Margerie, *Philosophie contemporaine*, p. 316 et suivantes (Paris, librairie Didier, 1870, in-12).

(2) Ces expressions de M. Janet sont citées par M. de Margerie, *Philosophie contemporaine*, p. 319.

des lumières de la raison fortifiées par celles de la foi. Si la révélation me présente une proposition dont ma raison ne peut établir directement ni la vérité ni la fausseté, je crois à cette proposition en vertu de ma confiance raisonnable en la véracité divine, et j'agirais contre ma raison en refusant d'y croire. »

Au contraire, le rationalisme dit : « Sans vouloir examiner s'il est historiquement vrai que Dieu ait enseigné quelque chose à l'homme, je refuse de recourir à cet enseignement, et je veux m'en tenir librement à ce mélange d'erreur et de vérité que je trouve moi-même, ou que j'accepte de la part d'un maître, qui est un homme comme moi. »

Voilà ce que dit le rationalisme et ce que l'orgueil approuve. Mais l'amour de la vérité, que dit-il? La philosophie n'est-elle pas l'amour et la recherche de la vérité? Si la philosophie n'est pas cela, qu'est-elle?

J'aime la philosophie, parce que je ne crois pas qu'elle puisse consister à chercher volontairement l'erreur, tandis que la vérité s'offre à nous.

---

CINQUIÈME REMÈDE.

# LA POLITIQUE RÉTROGRADE

ET LE

## GERMANISME DE CERTAINS LIBRES PENSEURS.

Au XVIIe siècle, Hobbes et Spinoza étaient absolutistes. Il ne faut pas s'en étonner. Quand on ne veut pas s'appuyer sur les principes religieux et moraux, il faut bien avoir recours à d'autres moyens pour maintenir un certain ordre dans la société.

Pour rétablir le principe d'autorité dans la famille, deux libres penseurs, M. Lanfrey (1) et M. About (2) demandent que les pères reçoivent un pouvoir absolu sur leur héritage, et par conséquent le droit de laisser, s'ils le veulent, tous leurs biens à un seul de leurs enfants, ou même à un étranger. En cela, ils s'accordent avec M. Le Play, qui a sur eux l'avantage de reconnaître la puissance salutaire de la religion chrétienne.

De même, pour rétablir le principe d'autorité dans l'État, un autre libre penseur, M. Ernest Renan (3), demande que le pouvoir central s'appuie sur de grandes fortunes territoriales reconstituées et jointes à des fonctions publiques héréditaires, c'est-à-dire sur une oligarchie et une sorte de féodalité maîtresse de toutes les contrées de la France. Tel est le remède capital que M. Renan propose à notre patrie, avec d'autres remèdes, dont

(1) *Histoire de Napoléon Ier*, t. 2, p. 128.

(2) *Le Progrès*, p. 295 (Paris, 1864, in-8).

(3) *La Réforme intellectuelle et morale* (Paris, 1872, in-8).

quelques-uns pourraient avoir quelque valeur, si l'on y joignait le remède le plus nécessaire de tous, c'est-à-dire le retour aux croyances chrétiennes.

Bien loin de là, ce que, plus récemment encore, le même auteur vient de nous proposer, c'est de nous approprier la philosophie et la théologie irreligieuses de certaines écoles prussiennes. Dans une préface (1) qui mérite d'avoir beaucoup de succès à Berlin, l'auteur commence par faire peser sur la France toute la responsabilité du commencement de la dernière guerre : au lieu de reprocher au second Empire d'avoir donné dans le piége tendu par la Prusse, en prenant follement, sans être aucunement prêt, l'initiative d'une guerre voulue, préparée dès longtemps et astucieusement provoquée par nos ennemis, qui autrement auraient été obligés de se démasquer en nous la déclarant un peu plus tard (2), M. Renan blâme la France d'avoir vu d'un œil jaloux les agrandissements pacifiques de la Prusse, et d'avoir attaqué injustement l'innocente Allemagne, dont l'unique tort, suivant lui, est d'avoir abusé de sa victoire en nous punissant trop durement de notre agression. Ensuite M. Renan nous conseille de nous réconcilier au plus vite, sinon avec la Prusse, du moins avec ses idées, et surtout de nous approprier les doctrines anti-chrétiennes du docteur Strauss et consorts en philosophie et en religion.

Quant à moi, je pense que nous ferons bien de tâcher d'imiter les Prussiens en ce qui concerne leur amour de leur patrie, leur stabilité politique, leur discipline et leur organisation militaire, leur goût passionné pour l'étude et le savoir, et leur patience dans les recherches. Mais je pense que nous aurions

(1) *Études d'histoire religieuse*, traduites de l'allemand du docteur Strauss, par M. Ernest Renan (Paris, 1872, in-8), Préface du traducteur.

(2) Voyez M. Caro, *les Jours d'épreuve*, 1re partie, *la Guerre*, surtout chap. 3, *les Responsabilités*. L'appréciation vraiment française, mais parfaitement *juste*, de M. Caro, a été pleinement confirmée par des publications diplomatiques récentes.

grand tort de leur envier ce qu'ils gardent encore d'institutions féodales, ou de nous faire les admirateurs complaisants de leur politique machiavélique, suivant laquelle la force prime le droit et la ruse prépare l'emploi de la force. Je pense aussi que nous aurions grand tort d'emprunter à un grand nombre de leurs penseurs les nuages de leur esprit, leurs idées creuses cachées sous des expressions obscures, leurs subtilités sophistiques, leur théologie anti-chrétienne baptisée du faux nom de christianisme, leur panthéisme idéaliste, si peu différent de l'athéisme, et finalement leur matérialisme abject, qui supprime Dieu, l'âme, la liberté et la responsabilité morale ; en un mot tous ces vains systèmes trop prônés et trop facilement acceptés, qui nous ont déjà fait tant de mal, et qui, en Allemagne même, où l'on va moins vite aux conséquences pratiques, finiront par produire leurs fruits désastreux.

En dehors de l'école germanique en France, la politique rétrograde a trouvé, parmi nos sceptiques, d'autres représentants. Un des rédacteurs de la *Revue des Deux-Mondes*, ingénieux écrivain, qui a son franc-parler, mais qui ne dit peut-être pas son dernier mot, M. Émile Montégut (1), proclame en propres termes *la banqueroute irrévocable de la révolution française*, de ses principes et de ses promesses. D'un autre côté, il *accorde*, mais comme à regret et du ton d'une conviction douteuse, qu'avec la foi monarchique la foi chrétienne est perdue pour nous *sans retour*, et, à l'exemple de M. Prévost-Paradol (2), il en porte le deuil avec une grâce sentimentale, sans dissimuler qu'à ses yeux c'est en même temps le deuil de notre prospérité nationale et de notre bonheur. Mais le désespoir ne sert à rien, ni les lamentations non plus. Nous ne sommes pas à des funérailles, et les pleureuses antiques seraient ici hors de saison. La France

(1) *Revue des Deux-Mondes*, 15 août et 15 novembre 1871.

(2) *La France nouvelle*, livre III, chap. 2, *Des signes les plus apparents de la décadence d'un peuple*, p. 349-357, 8e édition (Paris, 1868, in-12).

veut vivre ; ce qu'il lui faut, ce sont des médecins, ce sont de sages et virils conseils. Écoutons pourtant M. Montégut. Il nous avertit qu'en suivant les principes de 89 nous sommes arrivés au fond d'une impasse, et il nous déclare que nous n'avons à choisir qu'entre deux partis, savoir : une immobilité précaire, qu'il nous montre comme un *statu quo* au jour le jour, sans sécurité et sans avenir, et que pourtant il semble nous conseiller de préférence ; ou bien un retour en arrière, dont il ne nous marque nullement le terme. L'effet naturel de ces considérations d'une politique désespérée et désespérante serait, si nous en subissions l'influence, l'adhésion facile à quelque despotisme nouveau, qui prétendrait nous tirer de cette impasse par quelque acte de violence.

Je ne désire aucun despotisme, et moins que tout autre celui de quelqu'un de ces sauveurs intéressés qui se mettent au-dessus des lois, sauf à demander peut-être plus tard la ratification des faits accomplis. Je crois qu'avec l'aide de Dieu et par des moyens légaux, la France peut encore se sauver elle-même. Comme un philosophe chrétien que j'ai déjà cité (1), j'espère la restauration de la France par la foi chrétienne et par la morale de l'Évangile, conditions nécessaires de l'ordre et de la liberté.

---

(1) M. de Margerie, *la Restauration de la France*.

SIXIÈME REMÈDE.

# LA LIBERTÉ DU CRIME.

Un publiciste de grand talent, mais insensé, censeur impitoyable des folies d'autrui et admirateur passionné de ses propres folies, trop vanté dans deux camps opposés, ici comme adversaire vigoureux du socialisme, là comme ennemi violent de toute idée religieuse, du droit de propriété et de tout ordre social, Proudhon proposait un remède radical pour tous les vices des gouvernements des sociétés civilisées : ce remède héroïque, c'était la suppression de tout gouvernement; c'était l'*anarchie*, appelée ainsi par lui-même. Quant aux vices et aux maux de l'anarchie, il fermait les yeux pour ne pas les voir.

La hardiesse de Proudhon est presque égalée par celle d'un conservateur prétendu, qui ne nie pas, il est vrai, l'utilité d'un gouvernement, mais qui, frappé des inconvénients de la répression, n'y voit pas d'autre remède que l'impunité. En effet, M. Émile de Girardin, journaliste auquel on ne peut pas contester beaucoup d'esprit et qui a surtout, comme on sait, la prétention d'avoir beaucoup d'idées, a osé deux fois, en 1848, dans quelques articles d'un journal, et en 1871, dans un gros volume (1), proposer sérieusement, comme remède législatif aux maux de la société française, la suppression complète du Code pénal. La seule peine personnelle, la même pour tous les crimes, serait la *publicité*, peine qui, plus ou moins sensible

(1) *Du droit de punir*, livre II (Paris, 1871, in-8).

pour les hommes coupables par égarement, serait nulle pour les coquins éhontés, ou plutôt serait pour eux un titre de gloire près de leurs pareils, dont le nombre augmenterait bien vite par l'impunité. A la publicité près, toute poursuite pour crime n'aboutirait qu'à une question d'argent. Par exemple, un assassinat donnerait lieu, de la part des personnes intéressées à la conservation de la vie de la victime, à une action civile en dommages et intérêts suivant estimation du préjudice causé. Si le coupable n'était pas découvert, la commune où le crime aurait été commis serait pécuniairement responsable. En cas d'insolvabilité, la responsabilité remonterait du coupable à sa famille, de la famille à la commune, de la commune à l'arrondissement, et ainsi de suite. Quant au coupable insolvable, il ne perdrait pas un cheveu de sa tête ni une heure de sa liberté : il pourrait recommencer quand il voudrait, sans avoir plus à craindre. L'ingénieux publiciste espère sans doute que messieurs les assassins et autres malfaiteurs sans fortune connue et saisissable, seraient retenus par la crainte d'occasionner de la dépense à leur commune. Mais, comme, après estimation du dommage, le meurtre d'un chenapan ne devrait pas se payer cher, je crois plutôt que les familles, les communes, les arrondissements, feraient disparaître sans forme de procès les coupables dont on craindrait d'avoir à payer les crimes futurs. Telle serait la justice, plus rigoureuse, plus expéditive et moins sûre, qui remplacerait le Code pénal. En effet, la justice publique étant supprimée, chacun se ferait justice comme il l'entendrait. Du premier bond, nous reculerions au-delà des législations barbares du VIe siècle, et bientôt, de progrès en progrès, nous arriverions à l'état sauvage. Heureusement, nous n'en sommes pas encore là. Malgré les ménagements étonnants avec lesquels des journalistes sérieux ont parlé de l'œuvre récente de leur aventureux confrère, je crois que, parmi les hommes honnêtes et ayant l'usage de leur raison, et par conséquent dans l'Assemblée nationale, l'abolition du Code pénal aurait peu de partisans. Cependant, j'avoue que ce projet aurait pu avoir des chances de succès dans certains clubs de Montmartre et de Belleville pendant le règne de la Commune à Paris, et certainement les forçats du bagne de Toulon le voteraient avec enthousiasme. Pour eux, la liberté du crime ne serait-elle pas la plus précieuse de toutes les libertés?

---

Il y aurait bien encore d'autres panacées à examiner. Mais c'est par celle-là que j'ai voulu finir. Dans certaines sectes de révolutionnaires fanatiques, il y a d'autres projets plus insensés encore. Je n'en dirai rien. La démence ne se discute pas. Mais il faut avouer qu'une époque où de pareilles propositions excitent à peine l'étonnement et où des hommes graves semblent hésiter presque à les repousser, est une époque vraiment bien étrange.

Malgré tout, j'espère, et je conseille d'espérer. En France, à côté du mal, qui se montre et s'étale, il y a beaucoup de bien, qui reste presque ignoré, mais qui agit en silence, avec trop de mollesse et de timidité peut-être. Ayons foi en Dieu, et il nous soutiendra. La folie et la méchanceté humaines sont grandes, sans doute : nous les avons trop vues à l'œuvre, pour pouvoir en douter. Mais la sagesse et la bonté de Dieu ne sont pas seulement grandes, elles sont infinies, et sa puissance l'est aussi.

Du milieu du XIVe siècle au milieu du XVe, pendant cent années de malheurs et en même temps d'immoralité et de dépravation profonde, la France a subi presque continuellement les horreurs de l'invasion étrangère et de la guerre civile; elle a subi, outre la peste noire, les défaites de Crécy, de Poitiers et d'Azincourt, les luttes sanglantes des Armagnacs et des Bourguignons, les excès d'Etienne Marcel, de la Jacquerie et des Maillotins. En 1428, la France presque entière, trahie par ses enfants, obéissait à l'anglais Bedfort, régent de France pour son neveu Henri VI, roi d'Angleterre, tandis que *le roi de Bourges* Charles VII se divertissait à Chinon avec ses courtisans. Mais Dieu nous envoya Jeanne d'Arc.

Je crois que, de nos jours, la France peut être sauvée sans un miracle proprement dit. Celui qui *dispose tout avec douceur* (1) a d'autres moyens pour arriver à ses fins. S'il fallait un miracle, quelque indignes que nous en soyons, je l'espérerais ; mais il n'y faut pas compter. Du reste, pour l'obtenir, ou pour n'en avoir pas besoin, le moyen est le même : c'est de devenir meilleurs, c'est-à-dire plus chrétiens.

C'est là le vrai remède, auquel il faut toujours revenir.

(1) *Sagesse*, VIII, 1.

# TABLE DES MATIÈRES.

Pages.



Typ. Oberthur et fils, Rennes. — Mon à Paris, rue des Blancs-Manteaux, 35.

www.ingramcontent.com/pod-product-compliance
Lightning Source LLC
LaVergne TN
LVHW010108230826
846091LV00005B/2153

* 9 7 8 2 0 1 1 7 5 4 0 7 3 *